**NATIONAL GEOGRAPHIC**

School Publishing

D0584230

# Sobrevivientes SERIOS

EDICIÓN PATHFINDER

Por Susan Halko

## CONTENIDO

# Sobrevivientes SERIOS

### Por Susan Halko

Un ciervo pasta tranquilamente en el bosque. De repente, levanta la cola blanca en posición recta. Es una señal de advertencia para otros ciervos. Hay un coyote hambriento en las cercanías. El ciervo sale corriendo como una saeta. Corre por el bosque, salta troncos y cruza arroyos. El coyote lo persigue. El ciervo corre hacia la izquierda, luego gira a la derecha, intentando alejarse del coyote. Después de un tiempo, el coyote se cansa y abandona la persecución. El ciervo escapa. ¡Sobrevive!

La mayoría de los animales pueden correr o esconderse para escapar de un enemigo. Pero las plantas tienen las raíces fijas en un lugar.

¿Cómo logran sobrevivir a los ataques de los animales e insectos que se alimentan de ellas?

Tal vez creas que las plantas son indefensas porque no pueden moverse del lugar donde están. Reconsidéralo. Las plantas tienen formas asombrosas de sobrevivir.

Algunas plantas disuaden a los animales de atacarlas. Tal vez tengan espinas o púas que alejan a los enemigos. O pueden engañar a los insectos y animales para que no las ataquen.

Otras plantas se defienden usando defensas incorporadas. ¡Algunas plantas incluso piden ayuda! Aprendamos acerca de estos serios sobrevivientes.

**Autoprotección.** Esta planta no puede correr para escapar del peligro, pero sin embargo tiene maneras de protegerse.

## Cuidado con las espinas

Algunas plantas convencen a los herbívoros hambrientos de no atacarlas. Están equipadas con **defensas mecánicas**, o partes como espinas, púas o pinchos. Estas características afiladas pueden atravesar la piel de los animales.

Las hojas del acebo tienen espinas alrededor del borde, lo que puede dificultar que los animales se las coman.

Las afiladas espinas en los tallos de algunas plantas de frambuesa envían un mensaje claro: "Cuidado. Si me atacas, saldrás lastimado".

## Ardides

Algunas plantas engañan a sus enemigos para que no se las coman. El peor enemigo de la pasionaria son las orugas. ¡A las orugas les encanta comérsela! Cuando una mariposa busca un lugar para poner sus huevos, con frecuencia se posa en una pasionaria. Cuando de los huevos de las mariposas nacen orugas, estas se alimentan de las hojas.

La pasionaria engaña a las mariposas para protegerse de estos futuros atacantes. Tiene pequeñas protuberancias de color amarillo que imitan, o copian, la apariencia de los huevos de mariposa. Cuando una mariposa ve las protuberancias, elige otro lugar para posarse.

Planta de acebo

Huevos falsos en una hoja de pasionaria

Huevos de mariposa reales en una hoja

4

Cuando un ser vivo toma la apariencia de otra cosa para engañar a sus enemigos, se llama **mimetismo**. Podemos encontrar otro ejemplo de mimetismo en el desierto de Sudáfrica. La planta piedra imita el terreno a su alrededor. Como se habrán imaginado, tiene la apariencia de una piedra. Los animales del desierto pasan al lado de la planta sin darse cuenta de que acaban de desperdiciar un bocadillo delicioso.

## Pequeños guardaespaldas

A veces las plantas se alían con insectos para rechazar a los herbívoros. Por ejemplo, dentro de las espinas huecas de las acacias viven feroces hormigas.

Las hormigas, en agradecimiento por el lugar para vivir, actúan como pequeños guardaespaldas. Protegen la planta mordiendo a los intrusos que quieren masticar las hojas del árbol. A su vez, el árbol proporciona alimento a las hormigas.

**Protectores de las plantas.**
Estas hormigas protegen al árbol de cualquiera que se acerque, ¡incluso de las personas!

## Contraataque

Detente a pensar un momento en el coyote que perseguía al ciervo en el bosque. ¿Qué hubiese sucedido si el coyote hubiese perseguido a un zorrino o mofeta? ¡Qué olor! El zorrino habría contraatacado con su olor.

Algunas plantas también usan **defensas químicas** para contraatacar. No las rocían como el zorrino. En lugar de eso, esconden toxinas en las hojas o tallos. Las **toxinas** son sustancias químicas que son perjudiciales para los animales. Pueden dificultarle al animal digerir la planta. Pueden llegar a matar al atacante.

Los árboles de caquis producen una sustancia química que hace que sus frutos tengan un sabor amargo. La dedalera es una planta que contiene toxinas que son mortales para algunos animales.

**Dedalera**

## Plantas que se alimentan de insectos

La planta vuvuzela tiene una manera interesante de librarse de los insectos impertinentes: ¡se los come!

Verás, la planta vuvuzela crece en los pantanos y ciénagas. El suelo de estos lugares pantanosos no tiene todos los nutrientes que la planta necesita. Por lo tanto, la planta vuvuzela se ve obligada a obtener los nutrientes de los insectos.

La planta vuvuzela tiene un tubo alargado que se llena de agua y enzimas. Si un insecto se pasea por el borde de la planta, resbala y cae en el depósito de líquido. El insecto se ahoga y la planta ingiere una buena comida. Algunas plantas vuvuzela son suficientemente grandes para comerse una rana.

## Pedido de auxilio

Algunas plantas piden ayuda cuando las están atacando. No gritan ni aúllan. Usan sustancias químicas para enviar sus mensajes.

Cuando una oruga mastica las hojas de una planta de algodón, las sustancias químicas de la saliva de la oruga se mezclan con las de la planta. El resultado es un olor que atrae a la enemiga de la oruga: la avispa.

La avispa viene y rescata la planta. Pone huevos en la oruga. En pocos días, los huevos nacen y... ¡se comen a la oruga!

Los científicos han descubierto que las plantas emiten diferentes aromas para atraer diferentes clase de enemigos, de acuerdo con qué tipo de insecto las ataca.

**Piscina cubierta.** La "tapa" de la planta carnívora llamada vuvuzela evita que la lluvia desborde su depósito de agua.

# Ciclo de VIDA

Espinosas o resbaladizas, engañosas o luchadoras, todas las plantas crecen y cambian. Pasan por las etapas del **ciclo de la vida**. Las siguientes imágenes muestran un repaso del ciclo de vida de las plantas.

**1**

La semilla germina. Una radícula comienza a crecer hacia abajo y un brote crece hacia arriba.

**2**

La planta crece.

**3**

Florece.

**4**

Las flores se polinizan. Luego forman semillas.

**5**

La planta libera las semillas.

**6**

La planta muere.

## VOCABULARIO

**ciclo de vida:** patrón que muestra cómo un ser vivo cambia a medida que crece

**defensa mecánica:** características de la estructura de una planta que la ayudan a protegerse

**defensas químicas:** método que usan las plantas para protegerse usando sustancias químicas

**mimetismo:** copiar algo

**toxina:** sustancia venenosa

# Plantas

# ASTUTAS

**P**ara proteger el ciclo de vida, las plantas deben hacer más que sobrevivir a los ataques enemigos. ¡Necesitan reproducirse!

Las plantas no pueden ir a buscar pareja como lo hacen los animales. Entonces, ¿cómo transportan el polen a otras plantas?

Son astutas. Algunas plantas engañan la vista, el olfato o el tacto de los insectos. Atraen a los insectos para que recolecten su polen y se lo lleven con ellos.

La orquídea abeja espejo es una de estas plantas astutas. Usa el mimetismo para atraer polinizadores. Los polinizadores son animales que transportan polen de una planta a otra.

La parte azul de la planta se ve idéntica al reflejo del cielo en las alas de una avispa hembra. Cuando la avispa macho la ve, cree que ha encontrado una pareja. Entonces se posa en la flor. Luego sale volando y se lleva el polen de la orquídea a la flor de otra orquídea.

**Imagen en el espejo.** Las alas de esta avispa se parecen a los pétalos de la orquídea.

Orquídea
abeja espejo

## Deliciosos aromas

Imagina que pasas caminando por una panadería y detectas el aroma del pan recién horneado. Es difícil de resistir, ¿no es así? Así de atractivo es el olor de la orquídea coryanthes para las abejas macho.

Una abeja macho no se puede resistir al aroma de la orquídea coryanthes. La abeja se posa en la orquídea y resbala en la superficie lisa. Cae en el profundo receptáculo de la orquídea y queda atrapada en un depósito de líquido en la parte inferior.

Para escapar, la abeja debe pasar por un túnel apretado. A medida que sale, un saco de polen se adhiere a la espalda de la abeja.

Luego, la abeja una vez más cree el engaño de otra orquídea coryanthes de la misma especie y vuelve a ocurrir lo mismo. La abeja cae y tiene que salir por el túnel.

Pero esta vez la abeja lleva el saco de polen de otra orquídea. A medida que sale, el saco de polen queda atrapado en la parte femenina de la flor. La abeja poliniza la orquídea, ¡sin siquiera saberlo!

**El gran escape.** Una abeja sale de la orquídea coryanthes con un saco de polen en su espalda.

**Un aroma sorprendente.** Este dragón fétido puede verse bello, pero huele horrible.

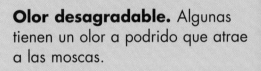

**Olor desagradable.** Algunas tienen un olor a podrido que atrae a las moscas.

## Olores desagradables

El dragón fétido huele mal: tiene olor a animal muerto. Sin embargo, no usa el olor fuerte para defenderse. Lo usa para atraer polinizadores.

Su potente aroma huele a exquisito alimento para las moscas y los escarabajos hambrientos. No pueden resistirse. Revolotean de una flor a otra, transportando polen a medida que se desplazan.

## Manteniéndose vivo

Las plantas no podrán escapar corriendo de los enemigos o ir a buscar pareja, pero tienen formas increíbles de sobrevivir. Son una de las mayores historias de éxito de la naturaleza.

# SOBREVIVIENTES SERIOS

**Descubre qué has aprendido acerca de la manera de sobrevivir de las plantas.**

**1** ¿Cuál es un ejemplo de una defensa mecánica en una planta?

**2** ¿Cuál es un ejemplo de una defensa química en una planta?

**3** ¿De qué manera protegen las hormigas al árbol de acacia?

**4** ¿De qué manera el mimetismo ayuda a una planta a disuadir a los animales de atacarla?

**5** ¿De qué manera el mimetismo ayuda a la planta a atraer polinizadores?